IGKG Schweiz
Lern- und Leistungsdokumentation Büroassistent/in EBA

IGKG Schweiz

Lern- und Leistungsdokumentation Büroassistent/in EBA

hep der bildungsverlag

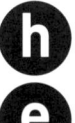

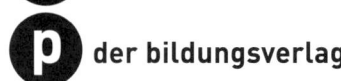

IGKG Interessengemeinschaft Kaufmännische Grundbildung Schweiz
Lern- und Leistungsdokumentation Büroassistent/in EBA
ISBN 978-3-0355-1370-7
3. Auflage 2019

Diese Auflage gilt für Lernende, die ihre Ausbildung ab Sommer 2019 beginnen.

Zusatzmaterialien unter www.igkg.ch

Mit dem Erlös aus dem Verkauf dieser Publikation werden Aufgaben im Bereich der Berufsentwicklung mitfinanziert.

Gestaltung: hep verlag ag

Bibliografische Information der Deutschen Nationalbibliothek:
Die Deutsche Nationalbibliothek verzeichnet diese Publikation in der Deutschen Nationalbibliografie; detaillierte bibliografische Daten sind im Internet über http://dnb.d-nb.de abrufbar.

© 2019 IGKG Schweiz

Auskünfte zur Ausbildung:
IGKG Schweiz
Schwanengasse 9
3011 Bern
Tel.: 031 398 26 10
E-Mail: info@igkg.ch
www.igkg.ch

hep verlag ag
Gutenbergstrasse 31
CH-3011 Bern

www.hep-verlag.ch

Übersicht

Ausbildungsplanung und -kontrolle

Berufliche Handlungskompetenzen

Kompetenzentwicklung und -überprüfung

Inhaltsverzeichnis

Übersicht ... 9
- Auf einen Blick ... 11
- Einführung ... 12
- Überblick über den Ablauf der Ausbildung ... 13
- Überblick berufliche Handlungskompetenzen ... 16
- Arbeiten mit der digitalen Lernumgebung Konvink ... 18

Ausbildungsplanung und -kontrolle ... 21
- Auf einen Blick ... 23
- Ausbildungsplanung im Betrieb ... 24
- Persönliche Planung und Organisation ... 25
- Ausbildungskontrolle und Selbstreflexion ... 26
- Zusammenspiel der verschiedenen Instrumente ... 27

Berufliche Handlungskompetenzen ... 29
- Auf einen Blick ... 31
- Aufbau und Handhabung der Leistungsziele ... 32
- Fachkompetenzen ... 35
- Überfachliche Kompetenzen ... 51
- Überbetriebliche Kurse ... 54

Kompetenzentwicklung und -überprüfung ... 59
- Auf einen Blick ... 61
- Qualifikationsbereiche ... 62
- Qualifikationsbereich «Berufliche Praxis» ... 63

Übersicht

Auf einen Blick

Mit dieser Lern- und Leistungsdokumentation (LLD) behalten Sie den Überblick. Bei Fragen und Unklarheiten schlagen Sie am besten hier nach:

- Einführung in die Lern- und Leistungsdokumentation
- Berufsbild Büroassistent/in EBA
- Überblick über den Ablauf der Ausbildung
- Arbeiten mit der digitalen Lernumgebung Konvink

Alle Originaldokumente, aktuelle Informationen und Zusatzmaterialien zur LLD finden Sie auf der Website der IGKG Schweiz: www.igkg.ch. Unter «Büroassistent/in EBA» finden Sie in der Rubrik «Zusatzmaterialien LLD 2019» alle Dokumente nach den Kapiteln der vorliegenden LLD geordnet.

Einführung

Diese LLD enthält alle grundlegenden Informationen, die angehende Berufsleute für ihre Ausbildung im Betrieb und in den überbetrieblichen Kursen (ÜK) sowie für den betrieblichen Teil des Qualifikationsverfahrens benötigen.

Die LLD ist das Handbuch für die Ausbildung im Betrieb und das obligatorische Lehrmittel für die ÜK. Die einzelnen Kapitel fassen alle berufsspezifischen Inhalte und Vorgaben der folgenden Grundlagendokumente in kompakter Form zusammen:
- Verordnung des Staatssekretariats für Bildung, Forschung und Innovation (SBFI) über die berufliche Grundbildung Büroassistentin/Büroassistent mit eidgenössischem Berufsattest (EBA) vom 11. Juli 2007 (Stand 1. Januar 2019)
- Bildungsplan zur Verordnung über die berufliche Grundbildung Büroassistentin EBA/Büroassistent EBA vom 20. Juni 2018 (in Kraft seit 1. Januar 2019)

Die LLD führt Berufsbildende und Lernende in alle Elemente der betrieblichen Ausbildung und des Qualifikationsverfahrens ein.

Als Ergänzung zur LLD steht den Lernenden die attraktive digitale Lernumgebung Konvink zur Verfügung, die auch die Kompetenzentwicklung im Betrieb unterstützt. Auf Konvink finden die Lernenden alle Instrumente zur Umsetzung der Ausbildung im Betrieb und in den ÜK sowie für die Kompetenznachweise im Betrieb und im ÜK (siehe Abschnitt «Arbeiten mit der digitalen Lernumgebung Konvink» in diesem Kapitel).

Überblick über den Ablauf der Ausbildung

	1. Lehrjahr		2. Lehrjahr		Qualifikationsverfahren		
Betrieb	KoDi	KoDi	KoDi	KoDi	KoDi (KN Betrieb)	1/3	Qualifikationsbereich «Berufliche Praxis»
Überbetriebliche Kurse (ÜK) 5 Präsenztage *	ÜK 1	ÜK 2	ÜK 3	ÜK 4/ÜK 5	E-Portfolio (KN ÜK)	1/3	
	Lern- und Leistungsdokumentation (LLD) digitale Lernumgebung Konvink						
Qualifikationsgespräch					30 Minuten	1/3	

* Zuzüglich angeleiteter Selbstlernphasen (Blended Learning-Ansatz) im Umfang von zwei ÜK-Tagen.

Die berufliche Grundbildung findet an den drei Lernorten «Betrieb», «Überbetriebliche Kurse» und «Berufsfachschule» statt. Die vorliegende LLD ist die Grundlage für die Ausbildung im Betrieb und in den ÜK.

Betrieb

Im Betrieb werden die beruflichen Handlungskompetenzen im Rahmen der täglich anfallenden Arbeiten entwickelt. Massgebend für die Ausbildung im Betrieb sind die betrieblichen Leistungsziele (siehe Kapitel «Berufliche Handlungskompetenzen»).

Kompetenzendiagramm (KoDi)

Das KoDi umfasst alle betrieblichen Leistungsziele gemäss Bildungsplan. Während der Ausbildung bearbeiten die Lernenden mehrmals das ganze KoDi auf Konvink anhand spezifischer Fragen zur Umsetzung im Betrieb. Am Ende der Ausbildung erfolgt anhand des KoDi eine Beurteilung der im Betrieb erworbenen Kompetenzen. Die Beurteilung zählt als **«Kompetenznachweis Betrieb» (KN Betrieb)** zu einem Drittel für den Qualifikationsbereich «Berufliche Praxis» (siehe Kapitel «Kompetenzentwicklung und -überprüfung»).

Überbetriebliche Kurse (ÜK)

Die ÜK greifen das praktische Lernen im Betrieb auf und fördern die Umsetzung des Gelernten in unterschiedlichen Situationen. Die ÜK dauern insgesamt 7 Tage zu 8 Stunden und bestehen aus Präsenztagen und darauf abgestimmte, angeleitete Selbstlernphasen (Blended Learning-Ansatz):
- im 1. Lehrjahr 3 Tage, d. h. 2 Präsenztage (ÜK 1 und 2) sowie 1 Tag angeleitete Selbstlernphasen.
- im 2. Lehrjahr 4 Tage, d. h. 3 Präsenztage (ÜK 3, 4 und 5) sowie 1 Tag angeleitete Selbstlernphasen.

E-Portfolio

Die Beurteilung der überbetrieblichen Leistungsziele erfolgt über die Bewertung des E-Portfolios der Lernenden. Die Beurteilung zählt als «**Kompetenznachweis überbetriebliche Kurse**» **(KN ÜK)** zu einem Drittel für den Qualifikationsbereich «Berufliche Praxis» (siehe Kapitel «Kompetenzentwicklung und -überprüfung»). Im ÜK kommen weitere Instrumente der digitalen Lernumgebung Konvink zum Einsatz (siehe Abschnitt «Arbeiten mit der digitalen Lernumgebung» in diesem Kapitel).

Qualifikationsgespräch

Das **Qualifikationsgespräch** im Umfang von 30 Minuten bildet zusammen mit dem Kompetenznachweis Betrieb (KN Betrieb) und dem Kompetenznachweis überbetriebliche Kurse (KN ÜK) den Qualifikationsbereich «Berufliche Praxis» (siehe Kapitel «Kompetenzentwicklung und -überprüfung»). Dabei werden die Kompetenznachweise des Betriebs und der ÜK und die damit verbundene berufliche Entwicklung der lernenden Person überprüft.

Qualifikationsbereich «Berufliche Praxis»

Dieser Qualifikationsbereich besteht aus den folgenden Teilen:
- Kompetenznachweis im Betrieb (KN Betrieb)
- Kompetenznachweis in den überbetrieblichen Kursen (KN ÜK)
- Qualifikationsgespräch

Qualifikationsverfahren

Das Qualifikationsverfahren ist bestanden, wenn der Qualifikationsbereich «Berufliche Praxis» mit dem Prädikat «erfüllt» bewertet wird und die schulische Schlussnote 4 oder höher beträgt (siehe Kapitel «Kompetenzentwicklung und -überprüfung»).

Berufsfachschule

Die an der Berufsfachschule vermittelten Fachkompetenzen sind hauptsächlich in den Leistungszielen der folgenden Handlungskompetenzbereiche enthalten:
- Verstehen von Zusammenhängen der Wirtschaft und Gesellschaft
- Beherrschen der Standardsprache und der verschiedenen Formen der Kommunikation

Die Erarbeitung der Leistungsziele erfolgt in den Unterrichtsbereichen Standardsprache (SSP), Information/Kommunikation/Administration (IKA), Wirtschaft und Gesellschaft (W&G). Der Qualifikationsbereich «Schulische Bildung» umfasst je eine schriftliche Schlussprüfung im Umfang von je 60 Minuten zu diesen Fächern. Mit der «Begleiteten fächerübergreifenden Arbeit» (BfA) haben die Lernenden die Möglichkeit, eine in sich abgeschlossene Arbeit zu planen, auszuführen und auszuwerten.

Überblick berufliche Handlungskompetenzen

Berufsbild

Büroassistentinnen und Büroassistenten arbeiten in einem Betrieb der Wirtschaft oder der Verwaltung. Sie übernehmen mehrheitlich allgemeine und standardisierte administrative Tätigkeiten. Sie beherrschen den Umgang mit verschiedenen bürotechnischen Hilfsmitteln und arbeiten mit modernen Kommunikationsmitteln. Sie kommunizieren mit Kundinnen und Kunden sowie Lieferanten, planen Termine und empfangen Gäste.

Durchlässigkeit

Die Ausbildung richtet sich primär an praktisch begabte Lernende, die allgemeine kaufmännische Tätigkeiten ausüben möchten. Lernende, welche die Voraussetzungen für den Eintritt in das B-Profil der beruflichen Grundbildung Kauffrau/Kaufmann EFZ voraussichtlich erfüllen, können entsprechende Angebote der Berufsfachschulen besuchen. Diese Angebote richten sich nach den Vorgaben und Konzepten der jeweiligen Kantone. Der Bildungsplan enthält eine entsprechende Empfehlung.

Träger des Berufs

Die IGKG Interessengemeinschaft Kaufmännische Grundbildung Schweiz (IGKG Schweiz) ist der Berufsbildungsverband für die beiden Kaufmännischen Grundbildungen Kauffrau/Kaufmann EFZ Dienstleistung und Administration (D&A) und Büroassistent/in EBA. Die Kurskommissionen der IGKG Schweiz sind die Ansprechpartner für Betriebe und Lernende vor Ort.

Berufliche Handlungskompetenzen

Die Ausbildung orientiert sich an allgemeinen, branchenübergreifenden kaufmännischen Tätigkeiten. Grundlage bildet der Bildungsplan mit insgesamt 61 Leistungszielen zu den unterschiedlichen Fachkompetenzen. 20 dieser Leistungsziele werden im Betrieb und im ÜK bearbeitet. Dabei stehen das praktische Lernen und die damit verbundene Selbstreflexion im Zentrum. Die übrigen 41 Leistungsziele werden im Betrieb und an der Berufsfachschule bearbeitet. Dabei vermittelt die Berufsfachschule die theoretischen Fähigkeiten (Unterrichtsfächer) und die Betriebe deren praktische Umsetzung im Rahmen der täglichen Aufgaben der Lernenden.

Fach-, Methoden, Sozial- und Selbstkompetenzen

Die Büroassistentin EBA / der Büroassistent EBA verfügt über folgende Kompetenzen:

Fachkompetenzen	
1. Kommunikation im Betrieb und Umgang mit Kunden	Betrieb und überbetriebliche Kurse
2. Erstellen von Dokumenten	
3. Arbeiten in betrieblichen Abläufen	
4. Terminplanung	
5. Umgang mit Büroeinrichtungen	
6. Umgang mit Daten	
7. Verstehen von Zusammenhängen der Wirtschaft und Gesellschaft	Berufsfachschulen
8. Beherrschen der Standardsprache und der verschiedenen Formen der Kommunikation	
Methodenkompetenzen	
2.1 Effizientes und systematisches Arbeiten	Alle Lernorte
2.2 Vernetztes Denken und Handeln	
2.3 Erfolgreiches Beraten und Verhandeln	
2.4 Wirksames Präsentieren	
Sozial- und Selbstkompetenzen	
3.1 Leistungsbereitschaft	Alle Lernorte
3.2 Kommunikationsfähigkeit	
3.3 Teamfähigkeit	
3.4 Umgangsformen	
3.5 Lernfähigkeit	
3.6 Ökologisches Bewusstsein	

Übersicht

Arbeiten mit der digitalen Lernumgebung Konvink

Mit der digitalen Lernumgebung Konvink steht den Lernenden in Ergänzung zur LLD und zu den ÜK eine attraktive Lernumgebung zur Verfügung. Mit Konvink können Lernende individuell, zeit- und ortsunabhängig an ihrer Kompetenzentwicklung arbeiten. Zudem bieten die Instrumente auf Konvink die Grundlage für die Unterlagen, die Lernende im Zusammenhang mit dem Qualifikationsverfahren einreichen müssen. Auf Konvink stehen folgende Umsetzungsinstrumente zur Verfügung:

Lerneinheiten

Die Lernenden bearbeiten insgesamt vier Lerneinheiten auf Konvink. Eine Lerneinheit umfasst Inhalte zum Lesen, Trainingseinheiten, Anwendungen und weitere didaktische Elemente. Anhand dieser Lerneinheiten erarbeiten sich die Lernenden Grundlagenwissen, welches sie im Arbeitsalltag umsetzen können. Zudem schaffen sie sich die Grundlagen für den Unterricht während der ÜK.
Folgende Lerneinheiten stehen zur Verfügung:
– Wertschätzend kommunizieren
– Arbeitsaufträge und Rückmeldungen entgegennehmen
– Eigene Arbeitstechnik entwickeln
– Arbeiten im Team

Praxisaufträge

Die Lernenden bearbeiten im Verlauf der Ausbildung drei Praxisaufträge, wobei der erste Praxisauftrag als Übung dient. Praxisaufträge sind Aufgabenstellungen, mit denen Lerninhalte und betriebliche Praxissituationen miteinander verknüpft werden können. Die Lernenden setzen die Praxisaufträge in Form von Werkschauen auf Konvink um. Der Aufbau der Praxisaufträge berücksichtigt die spezifischen Bedürfnisse von Lernenden der zweijährigen beruflichen Grundbildung und ermöglicht eine individualisierte Umsetzung.

Werkschauen

Die Umsetzung der Praxisaufträge wird von den Lernenden auf Konvink in Form von Werkschauen mit Texten, Zusatzdokumenten, Fotos, Videos und weiteren Elementen dargestellt. Dabei steht das Lernen aus eigener Praxiserfahrung im Zentrum. Die Lernenden werden im ÜK angeleitet, den Entwurf ihrer Arbeit durch die verantwortlichen Berufsbildenden im Hinblick auf die Einhaltung der betrieblichen Datenschutzbestimmungen überprüfen zu lassen. Diese Überprüfung ist auf Einladung der Lernenden auch ohne persönliches Konvink-Login möglich.

Die Werkschauen müssen in Einzelarbeit durch die Lernenden verfasst werden. Bei der Verwendung von Inhalten, die nicht selbstständig erstellt wurden, müssen immer Quellen angegeben werden.

Lernende bestätigen mit der Publikation der Werkschauen, dass ihr Werk eigenständig verfasst wurde. Die Übernahme fremder Texte und Ideen, ohne dies klar auszuweisen, stellt in der Regel eine Verletzung von Urheberrechten dar. Ein Plagiat verstösst gegen die Prüfungsordnung und wird in der Bewertung entsprechend sanktioniert.

Kompetenzendiagramm

Das Kompetenzendiagramm (KoDi) umfasst alle betrieblichen Leistungsziele gemäss Bildungsplan und ist auf Konvink verfügbar. Während der Ausbildung bearbeiten die Lernenden mehrmals das ganze KoDi anhand spezifischer Fragen zur Umsetzung im Betrieb. Nach jeder Bearbeitung kann ein Stärken-Schwächen-Profil erstellt werden. Parallel oder im Nachgang erfolgt eine Fremdeinschätzung durch die Berufsbildenden. Eine Fremdeinschätzung ist auf Einladung der Lernenden auch ohne persönliches Konvink-Login möglich. Das KoDi bildet die Grundlage für Standortgespräche und ist auch das zentrale Umsetzungsinstrument der Ausbildungskontrolle.

Am Ende der Ausbildung erstellen die Berufsbildenden eine Schlussversion des KoDi in Form eines Excel-Formulars und erstellen damit den «Kompetenznachweis im Betrieb» (siehe Abschnitt «Qualifikationsbereich berufliche Praxis» im Kapitel «Kompetenzentwicklung und -überprüfung»). Das entsprechende Excel-Formular für die Schlussbeurteilung steht den Berufsbildenden auf Konvink zur Verfügung.

E-Portfolio

Am Ende der Ausbildung erstellen die Lernenden ein persönliches E-Portfolio als Grundlage für die Beurteilung der überbetrieblichen Leistungsziele. Das E-Portfolio besteht aus einem Werk, welches die Lernenden auf Konvink erarbeiten. Auf der Basis des KoDi erstellen sie zudem ein persönliches Kompetenzprofil, welches sie im letzten ÜK im Rahmen des «Kompetenznachweis ÜK» präsentieren (siehe Kapitel «Kompetenzentwicklung und -überprüfung»).

Zugangsberechtigung und Registrierung Konvink

Mit Ausbildungsbeginn erhalten Lernende und Berufsbildende die Berechtigung zur Nutzung der digitalen Lernumgebung Konvink. Die Registrierung erfolgt durch die Kurskommission der IGKG Schweiz vor Ort. Die dabei erfassten Daten werden – unter Einhaltung von schweizerischen sowie europäischen Datenschutzbestimmungen – ausschliesslich für die Erstellung eines persönlichen Konvink-Accounts verwendet. Das persönliche Benutzer-Login für Konvink wird spätestens bis zum ersten ÜK-Tag per E-Mail (support@konvink.ch) direkt zugestellt.

Ausbildungs- planung und -kontrolle

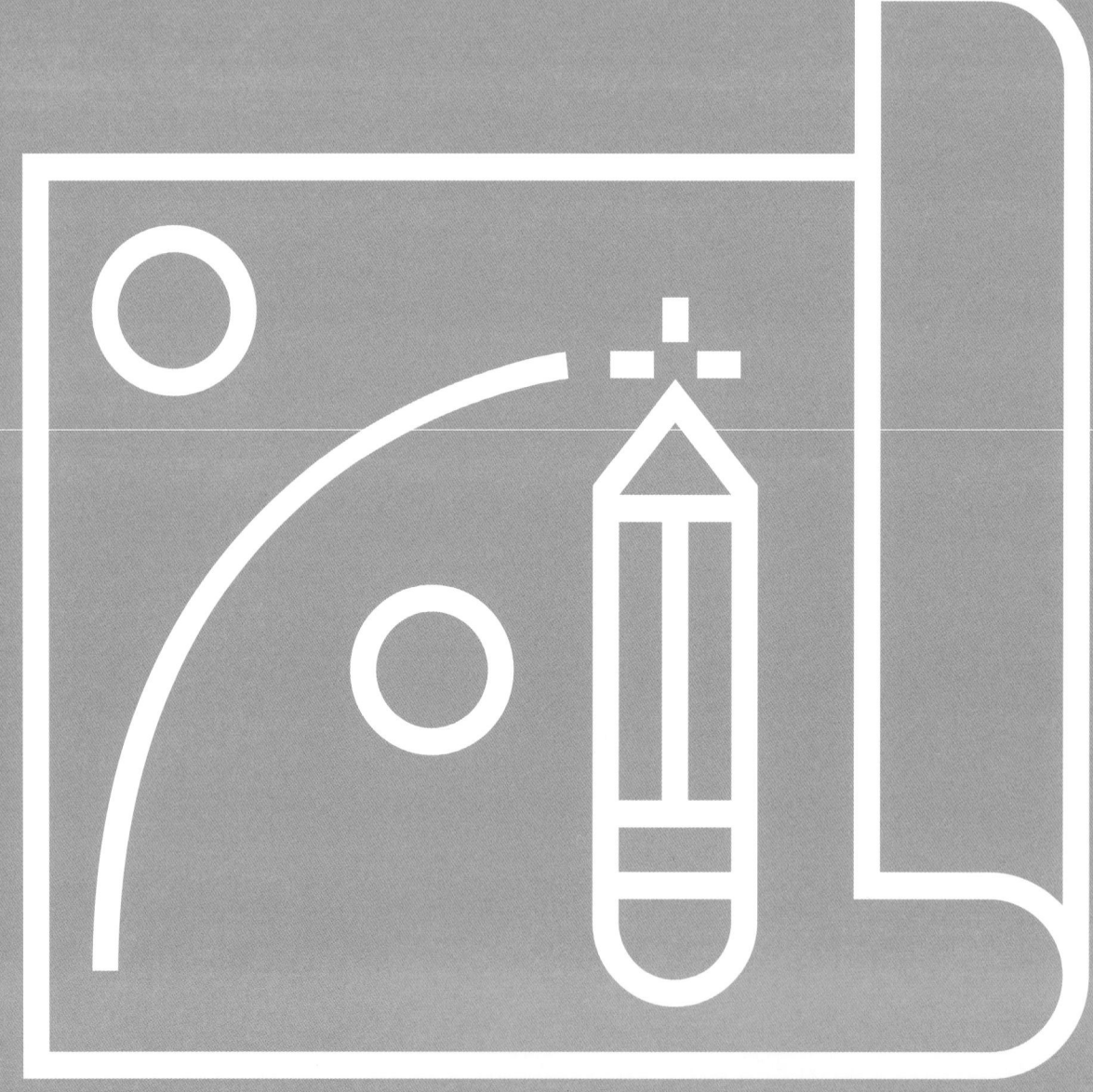

Auf einen Blick

Dieses Kapitel führt in die Hilfsmittel zur Ausbildungsplanung und -kontrolle ein.

Die Berufsbildenden sind dafür verantwortlich, dass im Rahmen der Ausbildungsplanung alle Leistungsziele im Verlauf der beiden Lehrjahre abgedeckt werden.

Die Lernenden übernehmen eine grosse Selbstverantwortung, insbesondere beim Arbeiten mit der digitalen Lernumgebung Konvink.

Die einzelnen Elemente der Ausbildungsplanung und -kontrolle können wie folgt zusammengefasst werden:

Ausbildungsplanung	– Betriebliches Ausbildungsprogramm – Persönliche Planung und Organisation
Lerndokumentation	– Kompetenzendiagramm (Selbst- und Fremdeinschätzung) auf der digitalen Lernumgebung Konvink
Leistungsdokumentation (Kompetenznachweise)	– «Kompetenznachweis im Betrieb» auf der digitalen Lernumgebung Konvink (Kompetenzendiagramm) – «Kompetenznachweis im ÜK» auf der digitalen Lernumgebung Konvink (E-Portfolio)

Ausbildungsplanung im Betrieb

Die betrieblichen Leistungsziele sind durch die Ausbildung im Betrieb abzudecken. Zu jedem Leistungsziel werden Fach-, Methoden-, Sozial- und Selbstkompetenzen im Betrieb gefördert. Die Leistungsziele sind verbindlich und prüfungsrelevant. Eine Übersicht der Leistungsziele sowie der überfachlichen Kompetenzen finden Sie im Kapitel «Berufliche Handlungskompetenzen» in dieser LLD.

Das betriebliche Ausbildungsprogramm ist für Lernende individuell auszuarbeiten, dabei werden die Leistungsziele gemäss dem Ablauf der Ausbildung zugeordnet. Einige Betriebe sind intern nach Abteilungen oder Bereichen organisiert. Bei diesem Aufbau besteht die Möglichkeit, die Leistungsziele den Abteilungen konkret zuzuordnen. Andere Betriebe haben keine fixe Organisation bzw. keine klassischen Abteilungen. In solchen Fällen empfehlen wir, die Leistungsziele pro Semester oder pro Quartal zuzuordnen. Eine Vorlage zum betrieblichen Ausbildungsprogramm finden Sie unter www.igkg.ch → Büroassistent/in EBA → Zusatzmaterialien LLD 2019.

Persönliche Planung und Organisation

Lernende haben nicht nur den Anforderungen ihres Betriebs gerecht zu werden, sondern müssen auch in der Schule und in den ÜK entsprechende Leistungen erbringen. Dazu kommen verschiedene Freizeitinteressen, die Lernende pflegen wollen. All dem gerecht zu werden, ist die tägliche Herausforderung, der sich Lernende stellen müssen. Im Betrieb stehen Lernenden verschiedene Planungsinstrumente zur Verfügung, zu deren Anwendung sie sowohl im Betrieb als auch an der Berufsfachschule angeleitet werden. In den ÜK setzen sich die Lernenden zudem mit verschiedenen Techniken auseinander, die eine gute persönliche Planung und Organisation unterstützen. Die Lerneinheit «Eigene Arbeitstechnik entwickeln» ist auf der digitalen Lernumgebung Konvink verfügbar und wird im zweiten ÜK eingeführt.

Ausbildungskontrolle und Selbstreflexion

Mit dem betrieblichen Ausbildungsprogramm wird sichergestellt, dass alle betrieblichen Leistungsziele umgesetzt werden. Um die Entwicklung von betrieblichen Kompetenzen zu steuern, steht Lernenden und Berufsbildenden das Kompetenzendiagramm (KoDi) als zentrales Element zur Verfügung. Dieses umfasst alle betrieblichen Leistungsziele gemäss Bildungsplan und ist auf Konvink verfügbar. Während der Ausbildung bearbeiten die Lernenden das ganze KoDi anhand spezifischer Fragen zur Umsetzung im Betrieb mehrmals. Nach jeder Bearbeitung kann ein Stärken-Schwächen-Profil erstellt werden. Parallel oder im Nachgang erfolgt eine Fremdeinschätzung durch die Berufsbildenden. Eine Fremdeinschätzung ist auf Einladung der Lernenden auch ohne persönliches Konvink-Login möglich. Das KoDi bildet die Grundlage für Standortgespräche und dient auch als zentrales Umsetzungsinstrument der Ausbildungskontrolle.

Zusammenspiel der verschiedenen Instrumente

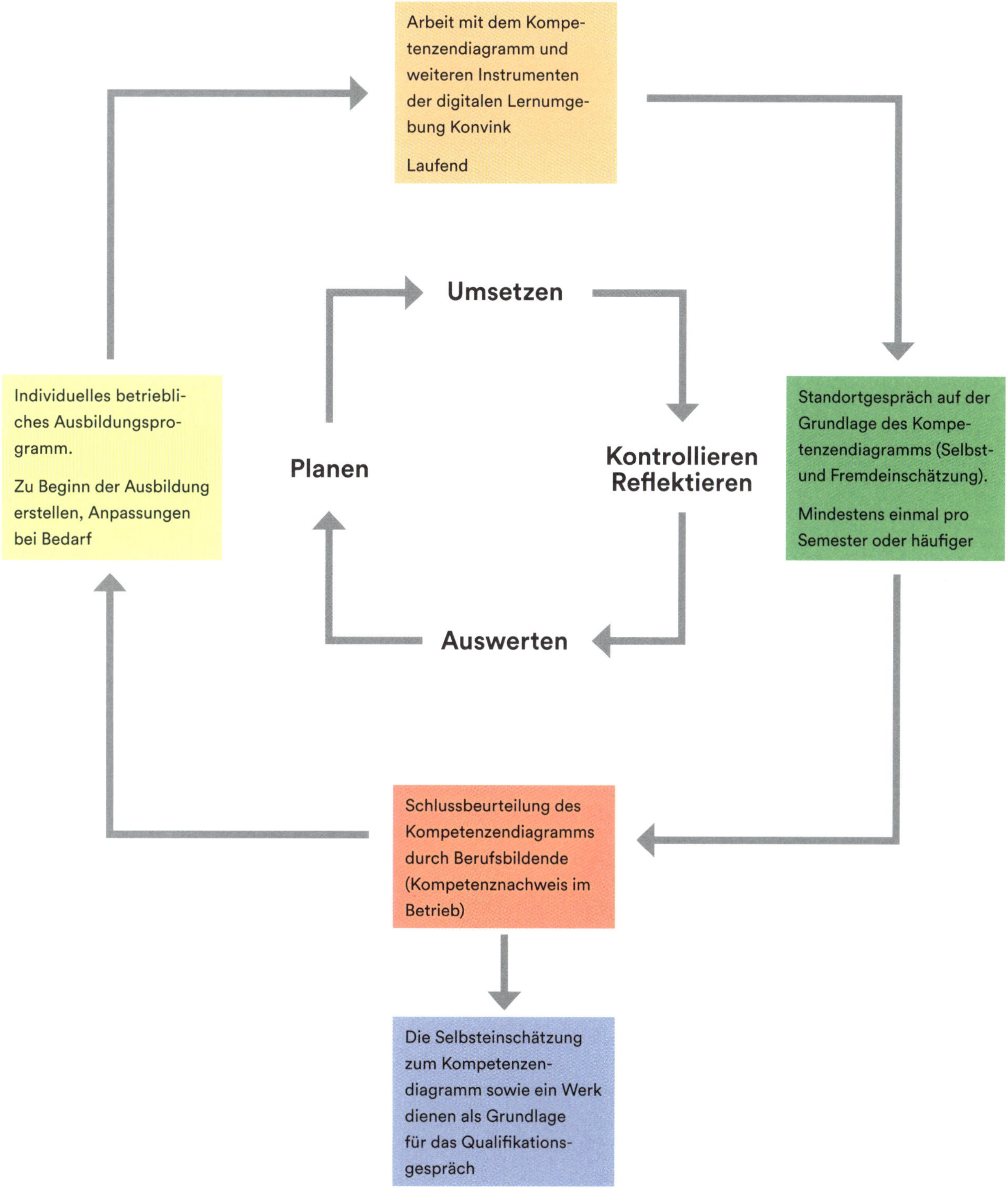

Arbeit mit dem Kompetenzendiagramm und weiteren Instrumenten der digitalen Lernumgebung Konvink

Laufend

Umsetzen

Planen

Kontrollieren Reflektieren

Standortgespräch auf der Grundlage des Kompetenzendiagramms (Selbst- und Fremdeinschätzung).

Mindestens einmal pro Semester oder häufiger

Individuelles betriebliches Ausbildungsprogramm.

Zu Beginn der Ausbildung erstellen, Anpassungen bei Bedarf

Auswerten

Schlussbeurteilung des Kompetenzendiagramms durch Berufsbildende (Kompetenznachweis im Betrieb)

Die Selbsteinschätzung zum Kompetenzendiagramm sowie ein Werk dienen als Grundlage für das Qualifikationsgespräch

Ausbildungsplanung und -kontrolle

Berufliche Handlungskompetenzen

Auf einen Blick

Die Leistungsziele der verschiedenen Handlungskompetenzbereiche begleiten Sie durch die gesamte Ausbildung. In diesem Kapitel finden Sie eine vollständige Beschreibung der Leistungsziele (Fachkompetenzen) und der dazugehörigen Methoden-, Sozial- und Selbstkompetenzen (überfachliche Kompetenzen) sowie Informationen zur Umsetzung in den überbetrieblichen Kursen (ÜK).

Die einzelnen Abschnitte umfassen alle Vorgaben aus dem Bildungsplan Büroassistentin EBA / Büroassistent EBA. Die Leistungsziele und die überfachlichen Kompetenzen sind auch in den Instrumenten auf der digitalen Lernumgebung Konvink hinterlegt.

Ausschliesslich an der Schule bearbeitete Leistungsziele werden in diesem Kapitel nicht aufgeführt. Diese Leistungsziele finden Sie im Bildungsplan auf der Website der IGKG Schweiz: www.igkg.ch → Büroassistent/in EBA → Zusatzmaterialien LLD 2019.

Aufbau und Handhabung der Leistungsziele

Der Bildungszielkatalog ist nach kaufmännischen Fachkompetenzen aufgebaut und orientiert sich an betrieblichen Arbeitsprozessen:

1. Kommunikation im Betrieb und Umgang mit Kunden
2. Erstellen von Dokumenten
3. Arbeiten in betrieblichen Abläufen
4. Terminplanung
5. Umgang mit Büroeinrichtungen
6. Umgang mit Daten

Weitere Kompetenzbereiche, die nicht hauptsächlich den betrieblichen Arbeitsprozessen zugeordnet werden können, sind aufgeführt unter:

7. Verstehen von Zusammenhängen in Wirtschaft und Gesellschaft
8. Beherrschen der Standardsprache und der verschiedenen Formen der Kommunikation

Fachliche Ziele und Anforderungen in der Ausbildung zu Büroassistentinnen und Büroassistenten werden über die drei Stufen Leitziele, Richtziele und Leistungsziele konkretisiert:

Die **Leitziele** beschreiben in allgemeiner Form, welche Themengebiete zur Berufsausbildung gehören. Es wird zudem begründet, weshalb diese Themengebiete von Bedeutung sind. Die Leitziele gelten für alle drei Lernorte.

Die **Richtziele** übersetzen ein Leitziel in Verhaltensweisen, die die Lernenden in bestimmten Situationen zeigen sollen. Sie konkretisieren, was gelernt werden soll. Die Richtziele gelten für alle drei Lernorte.

Die **Leistungsziele** konkretisieren die einzelnen Richtziele. Die Leistungsziele beziehen sich auf einzelne Lernorte. In diesem Kapitel sind die Leistungsziele für den Betrieb und für die überbetrieblichen Kurse aufgeführt.

Die **Methoden-, Sozial- und Selbstkompetenzen** werden integriert gefördert. Bei jedem Richtziel wird angemerkt, welche Methoden-, Sozial- und Selbstkompetenz besonders angesprochen ist. Diese Kompetenzen sollen ein integraler Bestandteil der kaufmännischen Praxis sein; dies kann dadurch erreicht werden, dass sie in allen fachlichen Bereichen ausgebildet und angewendet werden. Die Methoden-, Sozial- und Selbstkompetenzen werden im Abschnitt «Überfachliche Kompetenzen» beschrieben.

Lernorte

Im Bildungszielkatalog wird bei den einzelnen Leistungszielen darauf hingewiesen, welcher Lernort für die Umsetzung verantwortlich ist. Es gelten die folgenden Regelungen:

Betrieb
Die Anleitung, Umsetzung und Beurteilung (im Rahmen des Kompetenzendiagramms) der Leistungsziele erfolgen in der alleinigen Verantwortung des Betriebs.

ÜK und Betrieb
Die Einführung und Reflexion der Umsetzung der Leistungsziele erfolgen im ÜK; die Anleitung, Umsetzung und Beurteilung (im Rahmen des Kompetenzendiagramms) im Betrieb.
In den ÜK werden drei **Praxisaufträge** initiiert. Der Praxisauftrag bezieht sich auf eine konkrete, betriebliche Arbeitssituation und umfasst mehrere betriebliche Leistungsziele aus einem oder mehreren Handlungskompetenzbereichen. Die Praxisaufträge werden durch die Lernenden im Betrieb umgesetzt. Die Reflexion der Umsetzung sowie die Beurteilung (am Ende der Ausbildung im Rahmen des E-Portfolios) erfolgen im ÜK.

Schule und Betrieb
Die Vermittlung und Beurteilung der Leistungsziele erfolgen in der Verantwortung der Berufsfachschule. Die betriebsspezifische Anleitung, Umsetzung und Beurteilung (im Rahmen des Kompetenzendiagramms) erfolgen im Betrieb.
Ausschliesslich an der Schule bearbeitete Leistungsziele werden in diesem Kapitel nicht aufgeführt. Diese Leistungsziele finden Sie im Bildungsplan auf der Website der IGKG Schweiz: www.igkg.ch → Büroassistent/in EBA→ Zusatzmaterialien LLD 2019.

Berufliche Handlungskompetenzen

Taxonomiestufen

Jedes Leistungsziel ist in Form einer taxonomischen Stufe (K-Stufen) gekennzeichnet. Diese Zuteilung macht eine Aussage über das kognitive Anspruchsniveau des jeweiligen Leistungsziels, jedoch nicht über dessen Schwierigkeitsgrad. Die Taxonomiestufe ist immer in Verbindung mit der konkreten Arbeitssituation bzw. Aufgabenstellung zu betrachten. Nur auf dieser Basis können die notwendigen Methoden-, Sozial- und Selbstkompetenzen gefördert werden.

K 1 (Wissen)
Die Büroassistentinnen und Büroassistenten geben auswendig gelerntes Wissen wieder.

K 2 (Verständnis)
Die Büroassistentinnen und Büroassistenten haben eine bestimmte Materie verstanden.

K 3 (Anwendung)
Die Büroassistentinnen und Büroassistenten übertragen das Gelernte in eine neue Situation und wenden es an.

K 4 (Analyse)
Die Büroassistentinnen und Büroassistenten untersuchen einen Fall, eine komplexe Situation oder ein System und leiten daraus selbstständig die zugrunde liegenden Strukturen und Prinzipien ab, ohne dass sie sich vorher damit vertraut machen konnten.

K 5 (Synthese)
Die Büroassistentinnen und Büroassistenten bringen zwei verschiedene Sachverhalte, Begriffe, Themen, Methoden, die sie gelernt haben, konstruktiv zusammen, um ein Problem zu lösen.

K 6 (Beurteilung)
Die Büroassistentinnen und Büroassistenten beurteilen einen komplexen, mehrschichtigen Sachverhalt und begründen diesen mithilfe vorgegebener oder selbst entwickelter Kriterien.
Für diese Taxonomiestufe gibt es im Bildungsplan Büroassistent/in EBA keine Leistungsziele.

Fachkompetenzen

1. Kommunikation im Betrieb und Umgang mit Kunden

Leitziel

Die Fähigkeit zur mündlichen Kommunikation ist für Büroassistentinnen und Büroassistenten eine wichtige Grundlage der täglichen Arbeit. Sie trägt zum Unternehmenserfolg sowie auch zum persönlichen und beruflichen Erfolg bei, weil Gesprächspartner erwarten, dass Büroassistentinnen und Büroassistenten auf ihre Bedürfnisse eingehen. Ein angemessener Sprachgebrauch ermöglicht eine klare und adressatengerechte Ausdrucksweise und erhöht die Verständlichkeit. Insbesondere das Erkennen von Kundenbedürfnissen bildet eine bedeutsame Grundlage des Unternehmenserfolges.

Richtziel

1.1 Büroassistentinnen und Büroassistenten vermögen Gesprächen, Aussagen und Diskussionen im Grundsatz zu folgen. Sie erkennen die Absichten des Sprechenden und reagieren angemessen. Büroassistentinnen und Büroassistenten geben die wesentlichen Aussagen klar, folgerichtig und korrekt wieder und stellen Sachverhalte sowie Meinungsbeiträge verständlich dar.

Beitrag Methodenkompetenzen	Beitrag Sozial- und Selbstkompetenzen
2.3 Erfolgreiches Beraten und Verhandeln	3.1 Leistungsbereitschaft 3.2 Kommunikationsfähigkeit 3.3 Teamfähigkeit 3.4 Umgangsformen

Leistungsziel	1.1.1 Kommunikation und Zusammenarbeit im Betrieb
K3 ÜK und Betrieb	Ich gestalte die Kommunikation und die Zusammenarbeit im Betrieb situationsgerecht und erfolgreich. Dazu unterstütze ich Vorgesetzte, andere Mitarbeitende oder Abteilungen dabei, Arbeiten zu koordinieren, und den Anforderungen gerecht zu werden sowie geschäftliche Probleme zu lösen.

Leistungsziel	1.1.2 Gespräche führen
K3 Schule und Betrieb ❶	a) Ich folge einem Gespräch mit Vorgesetzten, Mitarbeitenden und Kolleginnen und Kollegen als Ganzes und nehme aktiv daran teil. Ich fasse das Gespräch mündlich zusammen. b) Ich empfange Kunden freundlich und verhalte mich zuvorkommend und hilfsbereit. Im Gespräch mit Kunden erkenne ich den Zusammenhang und nehme aktiv am Gespräch teil. Dabei achte ich auf eine adressatengerechte Formulierung. Ich fasse Gespräche, die ich mit Kunden alleine führe, mündlich zusammen.

---

❶ Das Leistungsziel wird in Situationen, welche kommunikative Fähigkeiten mit Vorgesetzten, Mitarbeitenden, Kolleginnen und Kollegen sowie mit externen Kunden erfordern, umgesetzt. Die Umsetzung erfolgt den Möglichkeiten des Betriebes entsprechend und kann sich im Ausnahmefall auf interne Gespräche beschränken.

Berufliche Handlungskompetenzen

Fachkompetenzen

Leistungsziel	1.1.3 Telefongespräche führen
K4 Betrieb	Ich führe Telefongespräche nach den internen Richtlinien korrekt, zielorientiert und partnergerecht. Dabei gehe ich auf den Kundenwunsch ein, erteile die Auskunft soweit möglich selbstständig und hole bei Bedarf Hilfe.

Leistungsziel	1.1.4 Gesprächsnotiz erstellen
K4 Betrieb	Ich halte während oder nach einem Gespräch die wesentlichen Punkte in einer Notiz fest, so wie es in meinem Betrieb üblich ist. Ich leite die Notiz an die zuständige Person weiter.

Fachkompetenzen

Richtziel

1.2 Büroassistentinnen und Büroassistenten zeigen Geschick im Kundenkontakt, indem sie mit Offenheit den Bedürfnissen ihrer Kundinnen und Kunden begegnen. Sie entwickeln ein Verständnis dafür, dass eine gute Abklärung der Kundenbedürfnisse die Grundlage für eine effiziente Weiterbearbeitung bildet. Sie sind zudem fähig, Produkte und Dienstleistungen kundengerecht vorzustellen.

Beitrag Methodenkompetenzen	Beitrag Sozial- und Selbstkompetenzen
2.3 Erfolgreiches Beraten und Verhandeln 2.4 Wirksames Präsentieren	3.1 Leistungsbereitschaft 3.2 Kommunikationsfähigkeit 3.6 Ökologisches Bewusstsein

Leistungsziel	1.2.1 Produkte/Dienstleistungen kennen
K2 **Betrieb**	Mit eigenen Worten zeige ich bei den wesentlichen Produkten und Dienstleistungen meines Betriebes oder Geschäftsbereichs anschaulich und fachlich korrekt auf, – wo man sie verwendet, – welche besonderen Eigenschaften sie auszeichnen, – welchen Nutzen sie den verschiedenen Kunden bringen. Ausserdem nenne ich die wichtigsten Konkurrenzbetriebe und deren vergleichbaren Produkte und Dienstleistungen.

Leistungsziel	1.2.2 Erwartungen gegenüber dem Betrieb kennen
K2 **Schule und Betrieb**	Ich erläutere im Zusammenhang mit dem Unternehmensmodell die Erwartungen von Kunden, Lieferanten und Mitarbeitenden an mein Unternehmen und zeige die Erwartungen meines Betriebes an diese Anspruchsgruppen auf. Ich beschreibe die soziale, technologische, ökonomische und ökologische Umweltsphäre.

Fachkompetenzen

2. Erstellen von Dokumenten

Leitziel

Der Umgang mit Informationstechnologien spielt in der täglichen Arbeit eine zentrale Rolle. Die Fertigkeiten im Umgang mit elektronischen Kommunikationsmitteln gehören zu den Grundvoraussetzungen, um im wirtschaftlichen, gesellschaftlichen und persönlichen Umfeld handeln zu können. Dies bedeutet für Büroassistentinnen und Büroassistenten, dass sie über ein gut strukturiertes Wissen in Bezug auf die Anwendung der Informationstechnologien verfügen und diese für das Erstellen von Dokumenten und für die Kommunikation nutzen.

Die Anwendung einer aktuellen Sprache mit adressatengerechten Aussagen ist für Büroassistentinnen und Büroassistenten die Grundlage jeder Kommunikation. Deshalb verfügen sie über grundlegende kommunikative Fähigkeiten und einen entsprechenden Grundwortschatz.

Richtziel

2.1 Büroassistentinnen und Büroassistenten sind in der Lage, ansprechende, zweckmässige externe bzw. interne Dokumente für betriebliche Aufgaben selbstständig zu erstellen.

Beitrag Methodenkompetenzen	Beitrag Sozial- und Selbstkompetenzen
2.1 Effizientes und systematisches Arbeiten 2.4 Wirksames Präsentieren	3.1 Leistungsbereitschaft 3.2 Kommunikationsfähigkeit

Leistungsziel	2.1.1 Dokumente selbstständig erstellen
K5 Schule und Betrieb	Ich erstelle und gestalte einfache Schriftstücke (wie Mail, Standardbrief, Formular, Notiz, Tabelle, einfache Protokolle, usw.) anhand stichwortartiger Angaben selbstständig. Ich verwende dabei die vorgegebenen Vorlagen und Formulare. Dabei achte ich darauf, dass das Schriftstück verständlich, der Situation angepasst und auf die Adressaten abgestimmt ist.

Fachkompetenzen

3. Arbeiten in betrieblichen Abläufen

Leitziel
Rationelle betriebliche Abläufe steigern die Produktivität und fördern damit den Unternehmenserfolg. Sie sind eine zentrale Voraussetzung für die Auftragserfüllung und damit ein wesentlicher Faktor für eine hohe Kundenzufriedenheit. Deshalb ist es wichtig, dass Büroassistentinnen und Büroassistenten die betrieblichen Abläufe verstehen und unterstützen.

Richtziel
3.1 Büroassistentinnen und Büroassistenten sehen die Notwendigkeit ein, bei der Erfüllung ihrer Arbeit systematisch vorzugehen. Sie sind bereit, einfache betriebliche Abläufe nachzuvollziehen, diese mitzutragen und korrekt zu handeln.

Beitrag Methodenkompetenzen	Beitrag Sozial- und Selbstkompetenzen
2.1 Effizientes und systematisches Arbeiten 2.2 Vernetztes Denken und Handeln 2.4 Wirksames Präsentieren	3.1 Leistungsbereitschaft 3.5 Lernfähigkeit 3.6 Ökologisches Bewusstsein

Leistungsziel	3.1.1 Arbeitsabläufe beschreiben
K3 ÜK und Betrieb (Schule) **②**	Ich erkläre mir bekannte einfachere Arbeitsabläufe mit eigenen Worten. Ich stelle sie selbstständig und übersichtlich dar. Dabei verwende ich eine geeignete oder vorgegebene Darstellung.

Leistungsziel	3.1.2 Logistikabläufe betreuen
K3 Betrieb **③**	a) Ich betreue einzelne Teilbereiche des Eingangs, des Ausgangs und der Verteilung der internen Post. Ich achte dabei auf zentrale Elemente wie z. B. vertrauliche Post, Frankatur etc. b) Ich betreue Teilbereiche des Lagers. Ich achte dabei auf zentrale Elemente wie z. B. Lieferfristen, Lagerbestand überwachen etc.

---

② Im Zentrum steht die Beschreibung vertrauter betrieblicher Arbeitsabläufe. Das Leistungsziel wird im ÜK bearbeitet und auch in der Berufsfachschule thematisiert.

③ Das Leistungsziel wird in Situationen umgesetzt, in welchen Logistikabläufe der internen Post und der internen Lagerbewirtschaftung betreut werden. Die Umsetzung erfolgt den Möglichkeiten des Betriebes entsprechend und kann sich im Ausnahmefall auf einen einzelnen Logistikablauf beschränken.

Berufliche Handlungskompetenzen

Fachkompetenzen

Leistungsziel	3.1.3 Dokumentationen/Unterlagen zusammenstellen bzw. bereitstellen
K3 Betrieb	Ich stelle anhand von Mustervorlagen oder Checklisten vorhandenes Material selbstständig zu Dokumentationen/Unterlagen zusammen bzw. bereit (z. B. für Konferenzen, interne Anlässe, Kundengespräche, Versände, Prospektständer etc.).

Leistungsziel	3.1.4 Nach Checklisten arbeiten
K3 Betrieb	Ich bearbeite anhand einer vorgegebenen Checkliste konkrete Aufträge fehlerfrei und vollständig (z. B. Sitzungszimmer einrichten, Wareneingänge kontrollieren, Spesen abrechnen etc.). Für mir vertraute Aufträge bzw. Arbeiten erstelle ich selbstständig Checklisten.

Fachkompetenzen

Richtziel

3.2 Büroassistentinnen und Büroassistenten können in der Buchhaltung einer Unternehmung immer wiederkehrende, einfache Tätigkeiten ausführen. Sie wenden die gängigen Berechnungen im kaufmännischen Zahlungsverkehr an.

Beitrag Methodenkompetenzen	Beitrag Sozial- und Selbstkompetenzen
2.1 Effizientes und systematisches Arbeiten 2.4 Wirksames Präsentieren	3.1 Leistungsbereitschaft 3.5 Lernfähigkeit

Leistungsziel	3.2.2 Buchungsbelege bearbeiten
K3 Betrieb (Schule) ❹	Ich führe selbstständig einzelne Arbeitsschritte bei der Verarbeitung von Buchungsbelegen korrekt aus (z. B. Buchungsbelege sortieren und ablegen, Buchungen oder Zahlungen ausführen) und erläutere die wichtigsten Schritte im Buchungsablauf.

---

❹ Zum Richtziel 3.2 gibt es neben diesem betrieblichen Leistungsziel weitere, rein schulische Leistungsziele (siehe Bildungsplan auf www.igkg.ch → Büroassistent/in EBA → Zusatzmaterialien LLD 2019).

Berufliche Handlungskompetenzen

Fachkompetenzen

4. Terminplanung

Leitziel

Die Terminplanung ist in der Wirtschaft, Gesellschaft und im persönlichen Bereich wichtig, um Arbeiten fristgerecht erledigen zu können. Büroassistentinnen und Büroassistenten planen ihre Arbeit, arbeiten selbstständig mit den Instrumenten zur Terminplanung und Auftragserledigung und halten damit Termine ein.

Richtziel

4.1 Büroassistentinnen und Büroassistenten erkennen die Bedeutung der Hilfsmittel und Geräte für die Terminplanung und können diese zielorientiert und sachgerecht anwenden.

Beitrag Methodenkompetenzen	Beitrag Sozial- und Selbstkompetenzen
2.1 Effizientes und systematisches Arbeiten	3.1 Leistungsbereitschaft 3.3 Teamfähigkeit 3.5 Lernfähigkeit

Leistungsziel	4.1.1 Betriebliche Termine verwalten
K3 Betrieb	Ich wende die Instrumente zur Terminplanung in meinem Betrieb selbstständig an. Dabei achte ich auf korrekte, vollständige und nachvollziehbare Einträge. Mit den Informationen gehe ich vertraulich um.

Fachkompetenzen

Richtziel

4.2 Büroassistentinnen und Büroassistenten sind sich der Vorteile und Chancen einer guten Arbeitsplanung bewusst und sind fähig, ihre Arbeiten sowohl im betrieblichen wie auch im persönlichen Bereich zu planen.

Beitrag Methodenkompetenzen	Beitrag Sozial- und Selbstkompetenzen
2.1 Effizientes und systematisches Arbeiten 2.2 Vernetztes Denken und Handeln	3.1 Leistungsbereitschaft 3.5 Lernfähigkeit

Leistungsziel	4.2.1 Persönliche Planung und Organisation
K4 ÜK und Betrieb	Ich plane persönliche Arbeiten und Aufträge (z. B. Tages- bzw. Wochenplanung für meinen Arbeitsbereich, Lerndokumentation, Schultermine) und setze dabei mir vertraute Planungsinstrumente ein. Dabei setze ich Prioritäten und führe eine Erfolgskontrolle.

Berufliche Handlungskompetenzen

Fachkompetenzen

5. Umgang mit Büroeinrichtungen

Leitziel

Die Fertigkeiten im Umgang mit technischen und konventionellen Büroeinrichtungen gehören zu den Grundvoraussetzungen, um im wirtschaftlichen Umfeld effizient und kundengerecht handeln zu können. Dabei ist ökologisches und ergonomisches Verhalten aus dem heutigen Alltag nicht mehr wegzudenken. Büroassistentinnen und Büroassistenten sind für ergonomische und ökologische Themen sensibilisiert und offen und setzen geeignete Massnahmen korrekt und sinnvoll ein.

Richtziel

5.1 Büroassistentinnen und Büroassistenten sind bereit, Arbeitsprozesse bewusst und effizient zu gestalten und die geeigneten technischen Büroeinrichtungen sinnvoll, sparsam und routiniert zu benutzen.

Beitrag Methodenkompetenzen	Beitrag Sozial- und Selbstkompetenzen
2.1 Effizientes und systematisches Arbeiten 2.4 Wirksames Präsentieren	3.1 Leistungsbereitschaft 3.3 Teamfähigkeit 3.5 Lernfähigkeit 3.6 Ökologisches Bewusstsein

Leistungsziel	5.1.1 Büromaterial und Bürogeräte einsetzen
K3 ÜK und Betrieb	Ich setze Büromaterial bzw. Bürogeräte dem Verwendungszweck entsprechend routiniert sowie ökologisch und ökonomisch sinnvoll ein.

Leistungsziel	5.1.2 Kommunikationsmittel bedienen
K3 Betrieb	Ich bediene die Kommunikationsmittel meines Betriebs routiniert. Ich beherrsche die wichtigsten technischen Operationen und führe alltägliche Unterhaltsfunktionen aus.

Leistungsziel	5.1.3 Kopiergerät/Multifunktionsgerät vertraut einsetzen
K3 Betrieb	Ich nenne die Grundfunktionen und erweiterten Funktionen des betriebseigenen Kopier- und Multifunktionsgeräts und setze diese energieeffizient ein. Ich führe Drittpersonen in die Bedienung ein.

Leistungsziel	5.1.4 Probleme beheben und mit Fehlermeldungen umgehen
K4 Betrieb	Bei Fehlermeldungen und Funktionsstörungen an Kopier- und Multifunktionsgeräten behebe ich soweit sinnvoll das Problem selbstständig oder leite entsprechende Massnahmen ein.

Fachkompetenzen

Richtziel

5.2 Büroassistentinnen und Büroassistenten erläutern ökologische, ökonomische und gesundheitliche Anforderungen an ihrem Arbeitsplatz und sind in der Lage, geeignete Massnahmen umzusetzen. Sie sind bereit, sich für die nachhaltige Nutzung von Energie (z. B. angemessene Raumtemperatur bei Heizen und Kühlen) und Büromaterialien einzusetzen.

Beitrag Methodenkompetenzen	Beitrag Sozial- und Selbstkompetenzen
2.1 Effizientes und systematisches Arbeiten 2.2 Vernetztes Denken und Handeln	3.1 Leistungsbereitschaft 3.5 Lernfähigkeit 3.6 Ökologisches Bewusstsein

Leistungsziel	5.2.1 Büroverbrauchsmaterialien und IT-Zubehör umweltgerecht entsorgen
K3 Betrieb	Ich entsorge gängige Büroverbrauchsmaterialien und IT-Zubehör umweltgerecht gemäss den Vorgaben meines Betriebes. Ich wende die Richtlinien zur umweltgerechten Abfallentsorgung an.

Leistungsziel	5.2.2 Arbeitsplatz ergonomisch gestalten
K3 ÜK und Betrieb	Ich nenne die Vorteile eines ergonomisch eingerichteten Arbeitsplatzes. Ich zeige auf und begründe, wie ich meinen Arbeitsplatz mit den vorhandenen Mitteln ergonomisch einrichte.

Berufliche Handlungskompetenzen

Fachkompetenzen

6. Umgang mit Daten

Leitziel

Fertigkeiten im Umgang mit elektronischen und konventionellen Informationen und Daten gehören zu den Grundvoraussetzungen, um im kaufmännischen Umfeld handeln zu können. Gesetzliche Vorschriften verpflichten Unternehmungen zum Informationsschutz und zur Informationssicherheit und auch dazu, Archive zu führen und Dokumente aufzubewahren. Deshalb müssen Büroassistentinnen und Büroassistenten Daten beschaffen, sichern und pflegen können. Zudem sind sie mit den Vorschriften zur Aufbewahrung von Daten und Dokumenten, zum Datenschutz sowie mit der Bedeutung von Archiven im betrieblichen Ablauf vertraut und können Archive benützen.

Richtziel

6.1 Büroassistentinnen und Büroassistenten sind sich bewusst, dass sie mit Informationen und Daten verantwortungsvoll umgehen müssen. Sie beschaffen und pflegen diese aufgabengerecht und gezielt.

Beitrag Methodenkompetenzen	Beitrag Sozial- und Selbstkompetenzen
2.1 Effizientes und systematisches Arbeiten	3.1 Leistungsbereitschaft 3.5 Lernfähigkeit 3.6 Ökologisches Bewusstsein

Leistungsziel	6.1.1 Informationen und Daten beschaffen
K3 Betrieb (Schule) [5]	Ich beschaffe mithilfe von Anweisungen Informationen und Daten, die ich für die Erfüllung meiner Aufgaben brauche. Dabei verschaffe ich mir raschen Zugriff auf häufig verwendete Informationen und Daten.

Leistungsziel	6.1.2 Daten pflegen
K3 Betrieb	Ich aktualisiere bestehende Daten und passe diese unter Anleitung zuverlässig und speditiv an.

---

[5] Die Umsetzung im Betrieb steht im Zentrum. Das Leistungsziel wird auch in der Berufsfachschule bearbeitet.

Fachkompetenzen

Richtziel

6.2 Büroassistentinnen und Büroassistenten gehen mit Informationen und Daten aller Art verantwortungsbewusst und diskret um. Sie benutzen elektronische und konventionelle Ablagesysteme (z. B. Archive) richtig und situationsbezogen.

Beitrag Methodenkompetenzen	Beitrag Sozial- und Selbstkompetenzen
2.1 Effizientes und systematisches Arbeiten 2.2 Vernetztes Denken und Handeln	3.1 Leistungsbereitschaft 3.3 Teamfähigkeit 3.5 Lernfähigkeit 3.6 Ökologisches Bewusstsein

Leistungsziel	6.2.1 Daten und Schriftstücke ablegen und vorschriftsgemäss aufbewahren
K3 Betrieb (Schule) ❻	Ich lege Daten und Schriftstücke im betriebseigenen Ablagesystem nach Vorgaben ab. Ich wende dabei die gesetzlichen Vorgaben zur Aufbewahrungsdauer von bestimmten Unterlagen an.

Leistungsziel	6.2.2 Systematische Ablage für den persönlichen Arbeitsplatz erstellen
K3 Betrieb	Ich erstelle für meinen Arbeitsbereich eine Ablage selbstständig mit den im Betrieb vorhandenen Mitteln. Ich begründe den Aufbau meines oder des vorgegebenen Systems. Dabei zeige ich auf, welche Ordnungskriterien sich für bestimmte Ablagen besonders eignen.

Leistungsziel	6.2.3 Im Archiv arbeiten
K3 Betrieb	Ich führe selbstständig einzelne Arbeitsschritte bei der Archivierung (Papier oder elektronisch) zuverlässig nach betriebseigenem Archivierungssystem aus. Ich erkläre den Aufbau des internen Archivs.

---

❻ Die Umsetzung im Betrieb steht im Zentrum. Das Leistungsziel wird auch in der Berufsfachschule bearbeitet.

Fachkompetenzen

Richtziel

6.3 Büroassistentinnen und Büroassistenten sind in der Lage, selbstständig Massnahmen gegen Datenverluste zu ergreifen, Daten vor unberechtigtem Zugriff zu schützen und nicht mehr benötigte Daten zu vernichten.

Beitrag Methodenkompetenzen	Beitrag Sozial- und Selbstkompetenzen
2.1 Effizientes und systematisches Arbeiten 2.2 Vernetztes Denken und Handeln	3.1 Leistungsbereitschaft 3.3 Teamfähigkeit 3.5 Lernfähigkeit

Leistungsziel	6.3.1 Daten schützen
K3 Schule und Betrieb	Ich treffe bewusst Vorbeugungsmassnahmen zum Schutz vor Missbrauch und Manipulation der von mir verwendeten Daten. Dabei beachte ich die betrieblichen und gesetzlichen Vorgaben.

Leistungsziel	6.3.2 Persönliche Daten sichern und wiederherstellen
K3 Schule und Betrieb	Ich sichere meine persönlichen Daten regelmässig. Ich nutze dabei das optimale Sicherungsmedium (z. B. Stick, Cloud, Festplatte, etc.) Ich überprüfe, ob die gesicherten Daten auch erfolgreich wieder hergestellt werden können.

Leistungsziel	6.3.3 Daten, Schriftstücke und Objekte vernichten
K3 Schule und Betrieb	Ich lösche bzw. vernichte Daten, Schriftstücke und Objekte nach Weisungen. Dabei beachte ich die betrieblichen und gesetzlichen Vorgaben.

Fachkompetenzen

7. Verstehen von Zusammenhängen in Wirtschaft und Gesellschaft

Leitziel

Das Erkennen von Zusammenhängen in Staat, Gesellschaft, Wirtschaft und Umwelt befähigt Büroassistentinnen und Büroassistenten, ihre Rolle als Mitarbeiterin bzw. Mitarbeiter und als Mitglied der Gesellschaft zu verstehen und wahrzunehmen.

Richtziel

7.2 Büroassistentinnen und Büroassistenten verstehen sich als Teil der Gesellschaft und setzen sich mit sozialen, kulturellen, ökonomischen und ökologischen Fragen auseinander.

Beitrag Methodenkompetenzen	Beitrag Sozial- und Selbstkompetenzen
2.1 Effizientes und systematisches Arbeiten 2.2 Vernetztes Denken und Handeln	3.4 Umgangsformen 3.5 Lernfähigkeit 3.6 Ökologisches Bewusstsein

Leistungsziel	7.2.5 Umweltfreundlich handeln
K4 Schule und Betrieb	Ich reflektiere mein eigenes Handeln im privaten und im beruflichen Alltag wie auch die Wirkung auf die Umwelt und zeige umweltfreundliche Massnahmen auf.

Fachkompetenzen

8. Beherrschen der Standardsprache und der verschiedenen Formen der Kommunikation

Leitziel

Mündliche und schriftliche Kommunikation ist für die Büroassistentinnen und Büroassistenten eine Grundlage für den persönlichen und beruflichen Alltag. Ein angemessener Sprachgebrauch ermöglicht eine klare und adressatengerechte Ausdrucksweise.

Richtziel

8.1 Büroassistentinnen und Büroassistenten können Gehörtes und Gesehenes richtig deuten und darauf angemessen reagieren.

Beitrag Methodenkompetenzen	Beitrag Sozial- und Selbstkompetenzen
2.3 Erfolgreiches Beraten und Verhandeln	3.2 Kommunikationsfähigkeit 3.3 Teamfähigkeit 3.4 Umgangsformen 3.5 Lernfähigkeit

Leistungsziel	8.1.4 Feedback geben und nehmen
K5 Schule und Betrieb	Ich gebe angemessene, hilfreiche Rückmeldungen und nehme Rückmeldungen professionell entgegen.

Richtziel

8.3 Büroassistentinnen und Büroassistenten sind fähig, die Sprache verständlich und korrekt zu verwenden.

Beitrag Methodenkompetenzen	Beitrag Sozial- und Selbstkompetenzen
2.1 Effizientes und systematisches Arbeiten 2.4 Wirksames Präsentieren	3.2 Kommunikationsfähigkeit 3.5 Lernfähigkeit

Leistungsziel	8.3.4 Inhalte präsentieren
K5 Schule und Betrieb	Ich führe Präsentationen mit einem zweckmässigen Aufbau und mit wirkungsvollen Hilfsmitteln durch, dabei drücke ich mich verständlich und korrekt aus.

Überfachliche Kompetenzen

Methodenkompetenzen

2.1 Effizientes und systematisches Arbeiten

Ich führe meine Arbeiten effizient und systematisch aus. Ich
- wähle Informationsquellen aufgabenbezogen aus und beschaffe mir zielgerichtet die erforderlichen Informationen;
- plane meine Arbeiten systematisch und setze Prioritäten;
- unternehme Schritte, um Überlastung zu vermeiden oder abzubauen;
- kontrolliere und dokumentiere meine ausgeführten Arbeiten;
- reflektiere meine Arbeiten und mein Handeln, um meine Leistungen und mein Verhalten zu optimieren.

2.2 Vernetztes Denken und Handeln

Ich stelle meine Tätigkeit in den Zusammenhang mit dem Umfeld meiner Unternehmung oder Organisation, für die ich arbeite. Ich
- erkenne Zusammenhänge zwischen der Wirtschaft und dem beruflichen Umfeld/der Branche in der ich arbeite;
- erkenne Abhängigkeiten und Schnittstellen.

Zur Darstellung dieser Zusammenhänge setze ich passende Methoden und Hilfsmittel ein, wie z. B. eine Mindmap oder ein Feedbackdiagramm.

2.3 Erfolgreiches Beraten und Verhandeln

Ich setze wirksame Methoden für die Beratung von internen und externen Partnern ein. Ich
- kläre Bedürfnisse und Standpunkte;
- erkenne und verstehe verbale und nonverbale Botschaften der Gesprächspartner;
- unterstütze interne oder externe Partner in der Lösungsfindung durch angemessene Vorschläge.

2.4 Wirksames Präsentieren

Ich zeichne mich durch wirksames Präsentieren meiner Arbeiten aus, indem ich
- Präsentationen vorbereite und in ansprechender Form gestalte;
- Rhetorik und Körpersprache angemessen einsetze;
- Präsentationshilfsmittel adressatengerecht und der Situation angemessen einsetze;
- in der Lage bin, Ergebnisse meiner Arbeit sowie Produkte und Dienstleistungen meines Betriebes mündlich und schriftlich zu präsentieren.

Sozial- und Selbstkompetenzen

3.1 Leistungsbereitschaft

Ich zeige in meiner Arbeit Interesse und Engagement. Ich
- führe Arbeiten nach internen Vorgaben zielorientiert und möglichst selbstständig aus;
- halte mich zuverlässig an Termine und Qualitätsvorgaben;
- schätze meine Fähigkeiten realistisch ein und bringe diese möglichst aktiv ein;
- steigere die Qualität meiner Arbeit anhand laufender Selbstkontrolle.

3.2 Kommunikationsfähigkeit

Ich bin kommunikationsfähig und zeige ein kundenorientiertes Verhalten. Ich
- kommuniziere adressatengerecht und der Situation angemessen;
- höre meinem Gesprächspartner aufmerksam zu;
- zeige Verständnis für die Ansicht meines Gesprächspartners und bringe auch die Interessen meines Betriebs ein;
- drücke mich klar und deutlich aus.

3.3 Teamfähigkeit

Ich arbeite nach Vorgabe alleine und kann mich im Team einbringen. Ich
- kann engagiert mitarbeiten und übernehme für meine Arbeit die nötige Verantwortung;
- versuche in konfliktträchtigen Situationen, diese mithilfe von Sachargumenten zu klären;
- akzeptiere berechtigte und begründete Kritik an meinem Verhalten;
- halte mich zuverlässig an die verbindlichen internen Rahmenbedingungen.

3.4 Umgangsformen

Ich lege im persönlichen Verhalten Wert auf gute Umgangsformen. Ich
- bin pünktlich und zuverlässig, halte Ordnung und handle gewissenhaft;
- passe meine Erscheinung den Gepflogenheiten des Betriebes an und trete der Situation entsprechend angemessen auf;
- halte in der mündlichen und schriftlichen Kommunikation sowie im Verhalten die Höflichkeitsregeln ein.

3.5 Lernfähigkeit

Ich bin mir des stetigen Wandels in der Arbeitswelt und in der Gesellschaft bewusst und bin bereit, Neues zu lernen. Ich
- wende mir bekannte Lern- und Kreativitätstechniken an und übertrage Gelerntes in die Praxis;
- reflektiere meine Arbeit und mein Verhalten und dokumentiere meine Fortschritte in geeigneter Form;
- weiss, wo ich Unterstützung erhalte bei fehlenden Vorgaben.

3.6 Ökologisches Bewusstsein

Ich verhalte mich umweltbewusst und befolge interne Vorschriften und Verhaltensregeln. Ich
- verwende Energie, Güter, Arbeits- und Verbrauchsmaterial sparsam;
- gehe mit Einrichtungsgegenständen sorgfältig um;
- entsorge Abfälle umweltgerecht.

Überbetriebliche Kurse

Zweck und Grundsätze

- Die überbetrieblichen Kurse (ÜK) ergänzen die betriebliche Ausbildung und haben den Zweck, die Lernenden in die grundlegenden Fach-, Methoden-, Sozial- und Selbstkompetenzen einzuführen und sie auf die Ausbildung im Ausbildungsbetrieb vorzubereiten.
- In den ÜK werden die Lernenden mit der Handhabung der Lern- und Leistungsdokumentation (LLD) und des Kompetenzendiagramms (KoDi) vertraut gemacht.
- Die Beurteilung der ÜK findet in Form der Bewertung des E-Portfolios statt.
- Die Kurskommissionen gewährleisten eine auf die Bedürfnisse der Lernenden und Betriebe ausgerichtete Umsetzung der Kurse. Sie streben mit den übrigen Lernorten eine enge Zusammenarbeit in fachlicher und organisatorischer Hinsicht an und schaffen ein günstiges Lernklima.

Trägerin

Trägerin der ÜK ist die Interessengemeinschaft Kaufmännische Grundbildung Schweiz (IGKG Schweiz). Sie setzt eine Aufsichtskommission ein und delegiert die Durchführung der Kurse an interkantonale oder kantonale Kurskommissionen (eine Liste aller Kurskommissionen finden Sie unter www.igkg.ch). Auf der Grundlage des Kursprogramms erstellen die kantonalen Kurskommissionen allfällige Detailprogramme und sind für die Ausschreibung der Kurse und das Aufgebot der Lernenden verantwortlich.

Zeitpunkt und Dauer der Kurse

Das Kursprogramm regelt den obligatorischen Teil der ÜK. Dieser umfasst insgesamt 7 Tage zu 8 Stunden, d.h. 5 Präsenztage und 2 Tage darauf abgestimmte, angeleitete Selbstlernphasen (Blended Learning-Ansatz).

Obligatorium

Der Besuch der ÜK ist für alle Lernenden obligatorisch. Dieses Obligatorium ist im Bundesgesetz zur Berufsbildung verankert.

Kosten

Grundsätzlich werden die Kosten für die ÜK nach Abzug der Subventionen der öffentlichen Hand von den Betrieben getragen. Den Lernenden dürfen keine zusätzlichen Kosten entstehen.

Lehrmittel

Die Lern- und Leistungsdokumentation (LLD) ist das Handbuch für die Ausbildung im Betrieb und das obligatorische Lehrmittel im ÜK.

Digitale Lernumgebung

Mit der digitalen Lernumgebung Konvink steht den Lernenden in Ergänzung zur LLD und zu den ÜK eine attraktive Lernumgebung zur Verfügung. Damit werden insbesondere die angeleiteten Selbstlernphasen unterstützt.

Zusammenarbeit der Lernorte

Die Kurskommissionen streben mit den übrigen Lernorten eine enge Zusammenarbeit in fachlicher und organisatorischer Hinsicht an.

Information der Betriebe

Die Kurskommissionen gewährleisten eine gute Zusammenarbeit mit den Betrieben und informieren sie über die behandelten Inhalte.

Kursprogramm

Die Inhalte der ÜK finden Sie als Bestandteil des ÜK-Organisationsreglements unter www.igkg.ch → «Büroassistent/in EBA» → Zusatzmaterialien LLD 2019.

Die Detailprogramme werden durch die Kurskommissionen der IGKG Schweiz vor Ort erstellt.

In den ÜK werden die folgenden Leistungsziele und die dazugehörigen überfachlichen Kompetenzen erarbeitet:

1.1.1 Kommunikation und Zusammenarbeit im Betrieb
Ich gestalte die Kommunikation und die Zusammenarbeit im Betrieb situationsgerecht und erfolgreich. Dazu unterstütze ich Vorgesetzte, andere Mitarbeitende oder Abteilungen dabei, Arbeiten zu koordinieren, und den Anforderungen gerecht zu werden sowie geschäftliche Probleme zu lösen.

Methoden-, Sozial- und Selbstkompetenzen
- 2.3 Erfolgreiches Beraten und Verhandeln
- 3.1 Leistungsbereitschaft
- 3.2 Kommunikationsfähigkeit
- 3.3 Teamfähigkeit
- 3.4 Umgangsformen

3.1.1 Arbeitsabläufe beschreiben
Ich erkläre mir bekannte einfachere Arbeitsabläufe mit eigenen Worten. Ich stelle sie selbstständig und übersichtlich dar. Dabei verwende ich eine geeignete oder vorgegebene Darstellung.

Methoden-, Sozial- und Selbstkompetenzen
- 2.1 Effizientes und systematisches Arbeiten
- 2.2 Vernetztes Denken und Handeln
- 2.4 Wirksames Präsentieren
- 3.1 Leistungsbereitschaft
- 3.5 Lernfähigkeit
- 3.6 Ökologisches Bewusstsein

4.2.1 Persönliche Planung und Organisation

Ich plane persönliche Arbeiten und Aufträge (z. B. Tages- bzw. Wochenplanung für meinen Arbeitsbereich, Lerndokumentation, Schultermine) und setze dabei mir vertraute Planungsinstrumente ein. Dabei setze ich Prioritäten und führe eine Erfolgskontrolle.

Methoden-, Sozial- und Selbstkompetenzen
- 2.1 Effizientes und systematisches Arbeiten
- 2.2 Vernetztes Denken und Handeln
- 3.1 Leistungsbereitschaft
- 3.5 Lernfähigkeit

5.1.1 Büromaterial und Bürogeräte einsetzen

Ich setze Büromaterial bzw. Bürogeräte dem Verwendungszweck entsprechend routiniert sowie ökologisch und ökonomisch sinnvoll ein.

Methoden-, Sozial- und Selbstkompetenzen
- 2.1 Effizientes und systematisches Arbeiten
- 2.4 Wirksames Präsentieren
- 3.1 Leistungsbereitschaft
- 3.3 Teamfähigkeit
- 3.5 Lernfähigkeit
- 3.6 Ökologisches Bewusstsein

5.2.2 Arbeitsplatz ergonomisch gestalten

Ich nenne die Vorteile eines ergonomisch eingerichteten Arbeitsplatzes. Ich zeige auf und begründe, wie ich meinen Arbeitsplatz mit den vorhandenen Mitteln ergonomisch einrichte.

Methoden-, Sozial- und Selbstkompetenzen
- 2.1 Effizientes und systematisches Arbeiten
- 2.2 Vernetztes Denken und Handeln
- 3.1 Leistungsbereitschaft
- 3.5 Lernfähigkeit
- 3.6 Ökologisches Bewusstsein

Kompetenz-entwicklung und -überprüfung

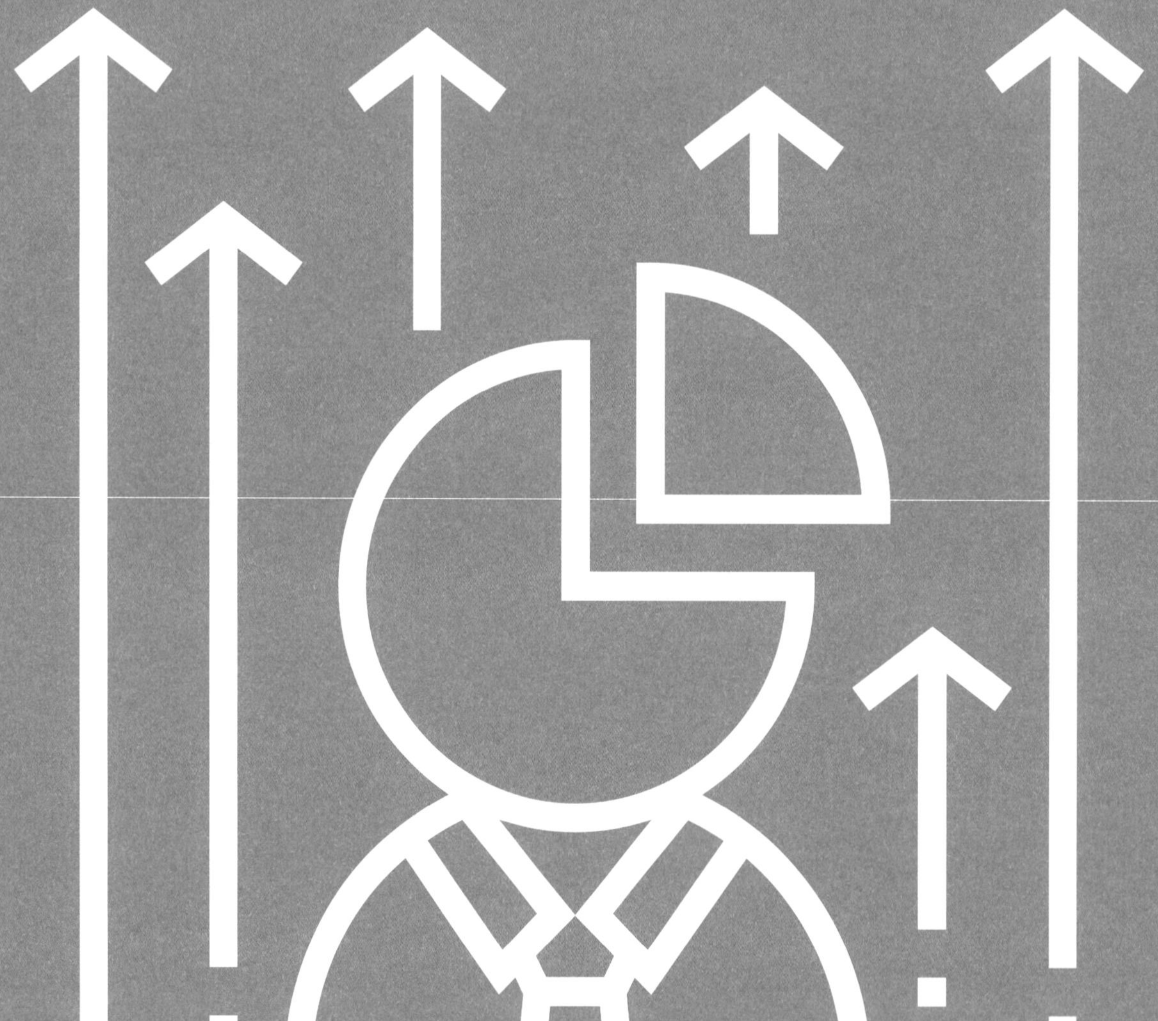

Auf einen Blick

In diesem Kapitel finden Sie alle Informationen
- zur Durchführung des Kompetenznachweises im Betrieb (KN Betrieb),
- zur Durchführung des Kompetenznachweis im ÜK (KN ÜK),
- zur Vorbereitung auf das Qualifikationsgespräch.

Von den drei Lernorten ist der Arbeitsplatz der wichtigste Lernort, da im Betrieb die beruflichen Handlungskompetenzen im Rahmen der täglich anfallenden Arbeiten entwickelt werden. Die Instrumente der digitalen Lernumgebung Konvink sowie die Bearbeitung des Kompetenzendiagramms (KoDi) ermöglichen die Dokumentation und Reflexion von Umsetzungserfahrungen und fördern die Kompetenzentwicklung im Betrieb. Die überbetrieblichen Kurse (ÜK) greifen das berufliche Erfahrungslernen im Betrieb auf und fördern die Umsetzung des Gelernten in unterschiedlichen und neuen Situationen.
Der Qualifikationsbereich «Berufliche Praxis» dient der Kompetenzüberprüfung und umfasst die Kompetenznachweise aus Betrieb und ÜK sowie das Qualifikationsgespräch am Ende der Ausbildung.

Qualifikationsbereiche

Während des Qualifikationsverfahrens werden die nachstehenden Qualifikationsbereiche geprüft:

Qualifikationsbereich «Berufliche Praxis»	Zeitpunkt	Gewichtung	Bewertung
Kompetenznachweis Betrieb			
Bewertung der Kompetenzen im Betrieb anhand des Kompetenzendiagramms durch den/die Berufsbildner/in.	Ende Lehrzeit	1/3	Prädikat «erfüllt»/«nicht erfüllt»
Kompetenznachweis überbetriebliche Kurse			
Bewertung des E-Portfolio der Lernenden durch die ÜK-Leitenden.	Ende Lehrzeit	1/3	Prädikat «erfüllt»/«nicht erfüllt»
Qualifikationsgespräch			
Qualifikationsgespräch (30 Minuten) zum persönlichen Kompetenzprofil auf der Basis des Kompetenzendiagramms durch den/die Prüfungsexperten/in.	Ende Lehrzeit	1/3	Prädikat «erfüllt»/«nicht erfüllt»
Qualifikationsbereich «Begleitete fächerübergreifende Arbeit»	**Zeitpunkt**	**Gewichtung**	**Bewertung**
Schriftliche Arbeit (8 bis 12 Seiten) zur vernetzten Überprüfung der Lernbereiche «Information/Kommunikation/Administration», «Standardsprache» und «Wirtschaft und Gesellschaft» sowie eine mündliche Leistung von maximal 30 Minuten.	Verlauf 2. Lehrjahr	30 % [7]	Note
Qualifikationsbereich «Schulische Bildung»	**Zeitpunkt**	**Gewichtung**	**Bewertung**
Schriftliche Schlussprüfung (60 Minuten) im Lernbereich «Information/Kommunikation/Administration».	Ende Lehrzeit	30 % [7]	Note
Schriftliche Schlussprüfung (60 Minuten) im Lernbereich «Wirtschaft und Gesellschaft».			
Schriftliche Schlussprüfung (60 Minuten) im Lernbereich «Standardsprache».			
Erfahrungsnoten in den Lernbereichen «Information/Kommunikation/Administration», «Wirtschaft und Gesellschaft» und «Standardsprache».	Ganze Lehrzeit	40 % [7]	Note

Die detaillierten Ausführungsbestimmungen zum Qualifikationsverfahren «Büroassistent/in EBA finden Sie unter www.igkg.ch → Büroassistent/in EBA → Zusatzmaterialien LLD 2019.

---

[7] Gewichtung in Prozent für die schulische Schlussnote

Qualifikationsbereich «Berufliche Praxis»

Der Qualifikationsbereich «Berufliche Praxis» besteht aus drei Teilen: dem Kompetenznachweis im Betrieb (KN Betrieb), dem Kompetenznachweis in den überbetrieblichen Kursen (KN ÜK) und dem Qualifikationsgespräch.

Kompetenznachweis im Betrieb

Die Beurteilung der Kompetenzen der Lernenden im Betrieb erfolgt über das KoDi. Dieses umfasst alle betrieblichen Leistungsziele gemäss Bildungsplan und ist auf Konvink verfügbar. Je Ausbildungssemester muss mindestens eine Beurteilung vorgenommen werden (Selbsteinschätzung/Fremdeinschätzung). Das KoDi bildet die Grundlage für Standortgespräche und dient auch als zentrales Umsetzungsinstrument der Ausbildungskontrolle.

Am Ende der Ausbildung erstellen die Berufsbildenden eine Schlussbeurteilung des KoDi und erteilen damit den **«Kompetenznachweis im Betrieb»**. Dafür steht ein Excel-Formular auf Konvink zur Verfügung. In der Schlussbeurteilung des KoDi werden insgesamt 38 vorgegebene Leitfragen anhand einer vierstufigen Skala von 0 bis 3 Punkten bewertet. Die Punktzahl fliesst in den Qualifikationsbereich ein.

Kompetenznachweis in den überbetrieblichen Kursen

Im Laufe der Ausbildung setzen die Lernenden insgesamt drei Praxisaufträge um, wobei der erste Praxisauftrag als Übung dient. Die Umsetzung wird auf Konvink in Form von Werkschauen multimedial dargestellt. Dies unterstützt die Lernenden in ihrer Kompetenzentwicklung. Das Werk kann auch nach Abschluss der Ausbildung als Referenzdokument eingesetzt werden.

Am Ende der Ausbildung erstellen die Lernenden ein persönliches E-Portfolio und reichen dieses gemäss den Vorgaben und Terminen der Kurskommission fristgerecht ein. Das E-Portfolio beinhaltet ein Werk sowie ein persönliches Kompetenzprofil (grafische Darstellung der eigenen Stärken inkl. Präsentation im letzten ÜK) und stellt den **«Kompetenznachweis überbetriebliche Kurse»** dar.

In der Beurteilung des E-Portfolio werden die vorgegebenen Kriterien eingesetzt und anhand einer vierstufigen Skala von 0-3 Punkten beurteilt. Die erzielte Punktzahl fliesst in den Qualifikationsbereich ein.

Qualifikationsgespräch

Die Lernenden erstellen am Ende der Ausbildung eine Selbsteinschätzung des KoDi sowie ein Werk und reichen diese gemäss den Vorgaben und Terminen der Kurskommission fristgerecht ein. Diese bilden die Grundlage für das 30-minütige **Qualifikationsgespräch**. Die Prüfungsexperten beurteilen dabei die erworbenen Kompetenzen sowie die berufliche Entwicklung der Lernenden.

In der Beurteilung des Qualifikationsgesprächs werden die vorgegebenen Kriterien eingesetzt und anhand einer vierstufigen Skala von 0-3 Punkten beurteilt. Die Gesamtpunktzahl fliesst in den Qualifikationsbereich ein.

Bestehen

Die drei Teile (Kompetenznachweis im Betrieb, Kompetenznachweis in den überbetrieblichen Kursen und Qualifikationsgespräch) werden zu je 1/3 gewichtet. Es können insgesamt maximal 36 Punkte erreicht werden. Der Qualifikationsbereich «Berufliche Praxis» gilt als «erfüllt», wenn mindestens 20 Punkte erreicht werden.

Lernende haben auch im Fall eines nicht erfüllten Qualifikationsbereiches Anspruch auf eine Schlussfassung ihres KoDi. Dies dient zusammen mit dem persönlichen E-Portfolio als Nachweis der beruflichen Erfahrung und kann dem persönlichen Bewerbungsdossier beigefügt werden.

Grundlagendokumente

Alle für den Qualifikationsbereich «Berufliche Praxis» erforderlichen Anleitungen, Leitfaden und Umsetzungsinstrumente sind auf Konvink verfügbar (siehe Abschnitt «Arbeiten mit der digitalen Lernumgebung Konvink» im Kapitel «Übersicht» in dieser LLD).